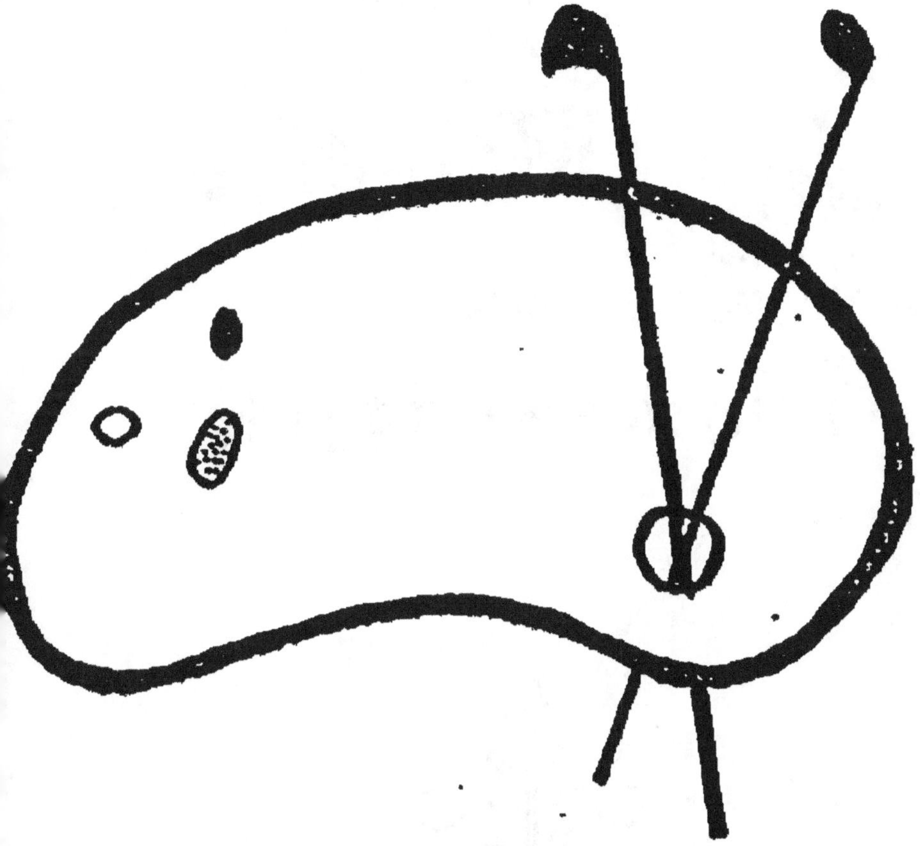

DEBUT D'UNE SERIE DE DOCUMENTS
EN COULEUR

Dᴿ E. VERRIER, I. O. O. ✠.

DE LA SOCIÉTÉ DES ÉTUDES PROVENÇALES

La Morale

dans

l'Ancienne Égypte

SISTERON --- IMPRIMERIE TYPOGRAPHIQUE
cal Lieutier, SUCCESSEUR DE A. TURIN
Place du Marché, Nᵒ 12.

Tirage à 100 exemplaires

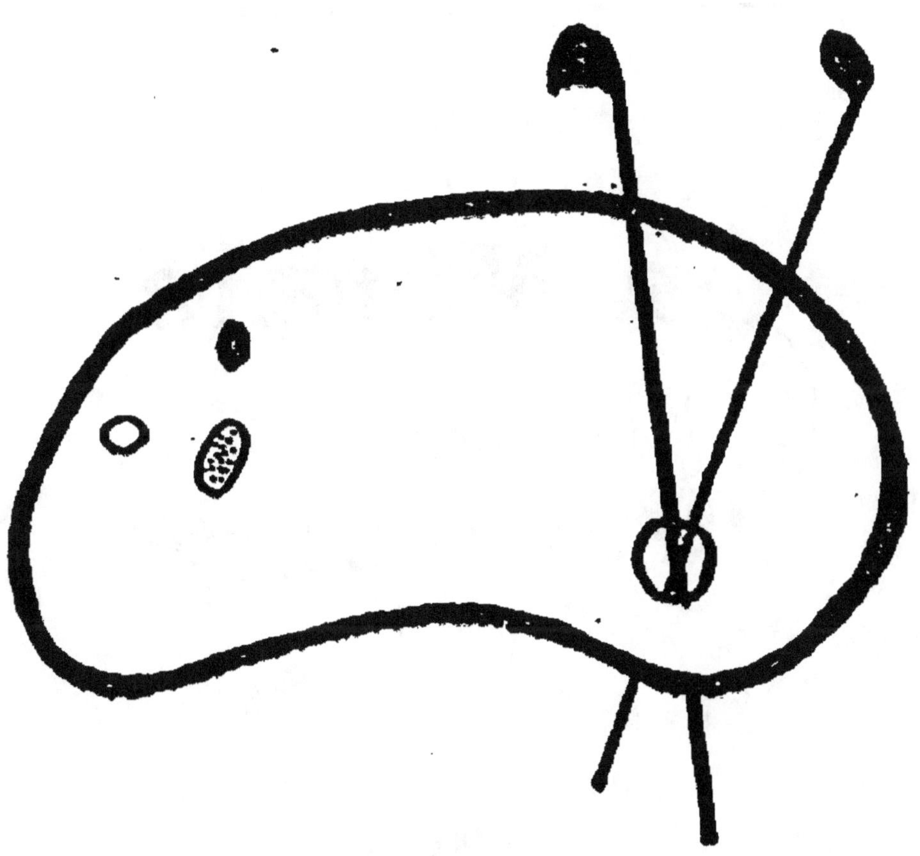

FIN D'UNE SERIE DE DOCUMENTS
EN COULEUR

D' E. VERRIER, I. O. O. ✠.

DE LA SOCIÉTÉ DES ÉTUDES PROVENÇALES

La Morale

dans

l'Ancienne Égypte

SISTERON. — IMPRIMERIE TYPOGRAPHIQUE
Pascal Lieutier, SUCCESSEUR DE A. TURIN
Place du Marché, N° 12.

LA MORALE
DANS L'ANCIENNE EGYPTE

M. Eugène Révillout, le savant Egyptologue, qui est à la fois professeur et conservateur de notre musée du Louvre, a publié l'an dernier dans le *Bessarione*, (Revue des études orientales) qui paraît à Rome, une étude étendue sur le premier et le dernier des moralistes de l'ancienne Egypte.

Pour l'auteur, le premier des moralistes serait celui dont le papyrus Prisse fait mention et dont le travail peut à bon droit passer pour le plus ancien *livre du monde*, cependant il avait été précédé dans la même voie par un certain Kakémna, auteur aussi d'un livre dont il ne reste que la préface, mais dont s'est inspiré Ptahhotep, celui que M. Révillout prend pour son premier moraliste. Le livre de Kakémna paraît remonter jusqu'à l'un des rois archaïques de la 3me dysnatie. Entre Ptahhotep et le dernier des moralistes choisi comme type par M. Révillout, il y a sans doute eu dans la vallée du Nil, ce pays dont la sagesse des habitants a été vantée par les Juifs qui ont été à leur école, par les Grecs,

Platon, Solon et le grand philosophe Pythagore qui tous sont venus s'instruire à cette
source, il y a eu dis-je beaucoup d'autres
moralistes que M. Révillout néglige intention-
nellement pour l'instant afin de s'en tenir à
Ptahhotep le premier et à Phibfhor, le dernier
des moralistes et jamais, jusqu'à ce jour, les
travaux de ces deux philosophes n'avaient été
traduits en entier sauf quelques fragments
cités par feu Chabas. Or, non seulement notre auteur est en même temps traducteur,
mais il a enrichi sa traduction de rapproche-
ments avec la vie contemporaine qui lui ont
été facilités par ses études antérieures sur le
*droit égyptien comparé aux autres droits de
l'antiquité.*

J'en reviens donc à Ptahhotep, le seul qui
pour moi représente la morale ancienne, son
compétiteur Phibfhor écrivait à l'époque ou
l'influence du christianisme avait déjà modifié
l'antique morale payenne.

Je trouve tout d'abord une certaine analo-
gie entre Ptahhotep et Cakya-Mouni. Comme
ce dernier, il était né sur les marches du trône
et renonça à toute prétention pour se consa-
crer à la philosophie morale comme le grand
réformateur Bouddhiste à la prédication, mais
pour cela il n'abandonna pas sa femme et
toute sa famille, bien au contraire, il dédia
son livre au roi Assa, son neveu, ainsi que
nous l'apprennent les inscriptions monumen-
tales contemporaines.

Après une préface dédicatrice au souverain Seigneur et Maître, dans laquelle il prépare les ignorants à écouter et à profiter de la *bonne parole*, cet évangile du passé d'autant plus neuf et meilleur qu'il est plus plus ancien, après avoir vanté la profession du sage et du lettré qui a formé de tout temps l'aristocratie égyptienne mais aussi noté les défauts du lettré qui sont la vanité et l'envie, *invidia confratorum pessima invidia*, comme encore aujourd'hui entre médecins et savants, il divise son livre en 37 chapitres dont l'ensemble constitue un code de morale extrêmement remarquable pour l'époque.

On ne doit pas s'attendre à ce que nous les analysions, nous renvoyons pour cela au travail si complet et si consciencieux de M. E. Révillout, nous n'avons voulu que donner une idée de l'ensemble. Nous citerons toutefois quelques aphorismes pour l'intelligence du lecteur.

Ainsi les quatre premiers chapitres conseillent aux sages et aux savants la *modération*, la *patience* et la *charité* envers le prochain.

Dans les chapitres suivants on trouve de judicieux conseils aux administrateurs dont l'idéal devait être la perfection et la justice.

Notre moraliste s'adresse ensuite aux classes inférieures et notamment aux parasites si nombreux comme on sait dans l'antiquité orientale.

Du parasite à l'ambassadeur il y a loin

dans nos civilisations modernes et cependant celui ci comme celui-là n'étaient-ils pas les familiers du chef qui les admettait à sa table ?

Au chapitre IX il passe aux serviteurs du dehors ou aux fermiers des grands notamment du Pharaon, et malgré la critique acerbe qu'il dirige contre ces tenanciers voraces, il n'en conseille pas moins aux malheureux fellahs l'obéissance et la soumission, *dura lex, sed lex.*

Puis il passe au *Pater familias* considéré à peu près comme dans la loi romaine ; aux règles concernant le personnel administratif, il conseille aux *ronds de cuir* de l'époque de ne jamais quitter le poste qui leur a été assigné s'ils veulent avancer dans la carrière et surtout ne pas perdre leur place, mais s'il conseille les petits il met les chefs de service en garde contre l'orgueil, et les flatteurs.

L'orgueil entraîne aux passions charnelles et le rapport que chaque chef de service est obligé de faire à son supérieur est ou peut être entaché du culte de soi-même.

Au Directeur général, auquel aboutissent tous ces rapports, appartenait selon le droit égyptien la juridiction criminelle, tandis que la juridiction civile était du domaine de tribunaux composés de prêtres. Aussi Ptahhotep donna-t-il à ses *praeses* ou préfets juges criminels des règles, que feraient bien de méditer souvent nos juges d'instruction actuels et dont M. Magnaud parait s'être inspiré.

Du préfet juge l'auteur passe à la femme,

non celle que l'on a pour épouse mais celle du voisin, ou sa concubine sa servante. Garde-toi d'en approcher, dit il, il n'y a rien de bou dans l'endroit où elle se trouve. Il peint en termes éloquents les désastres qu'elle cause.

Le Chapitre XIX est consacré à la méchanceté qu'il blâme naturellement. Elle vient du malin (le diable) dit-il. Elle met de l'inimitié entre les parents, écarte les épouses de leurs maris et enserre toutes les iniquités. Tandis que si un homme demeure en sa droiture, la vérité et la justice sont avec lui et il n'y a plus de place pour la méchanceté.

C'est surtout dans les discussions d'intérêts et dans les partages familiaux que la méchanceté humaine se montrait à nu, on sait sous ce rapport que l'époque actuelle ne vaut pas mieux et que le partage égal comme dans le droit français actuel n'empêchait pas les disputes, aussi l'auteur dans les chapitres suivants s'adresse-t-il surtout à la femme. Les bons procédés du mari, c'est à-dire exempts de méchanceté, conduisent mieux la femme que l'autorité violente. Son œil voit cela et la fait rester fidèle dans la maison.

La charité qui était prescrite à tous les hommes devait faire aux hôtes de passage une place de choix. Du reste dans l'antiquité l'hospitalité a toujours été considérée comme un devoir qui était agréable à Dieu, tandis que les égoïstes sont mal vus de Dieu et des hommes.

Le chapitre XXIII concerne les conversations et surtout celles que ne sont pas convenables. Il faut s'en abstenir, car il est rare qu'en parlant beaucoup, on ne s'expose pas à passer les bornes des convenances ; un sage qui se tait est plus sage que celui parle (Pythagore), ce qui revient à notre proverbe : si la parole est d'argent le silence est d'or.

On fait exception pour le père de famille ou le chef *praeses* dont le silence serait parfois une faute grave.

Le précepte des paroles inutiles ou inconvenantes est surtout applicable aux assemblées politiques ; or, pourrait le recommander à notre parlement. On voit que sous ce rapport il n'y a rien de changé dans les mœurs des hommes, depuis plus de 3.000 ans et sous des latitudes très différentes.

A propos des relations mondaines, Ptahhotep recommande de ne pas faire perdre du temps au chef *Sar*. Ne le fatigue pas, dit-il, car son cœur est déjà bien chargé,

Puis s'adressant au chef il lui dit : place ton affection dans le cœur de ceux qui t'aiment, et leur obéissance te sera assurée. A un conseiller envoyé pour apaiser les multitudes, il dit : énonce ce qui te semble juste et dispose tes paroles en mettant tout en place avec ordre et méthodes, Abstiens-toi s'il s'agit d'un ennemi personnel pour ne pas t'exposer à la colère.

Il faut aussi éviter l'orgueil par rapport

à tes anciens égaux qu'une fortune rapide t'aura fait dépasser. Le riche n'est que le dispensateur des biens de Dieu, et la richesse une charge plutôt qu'un honneur, dont il ne faut pas s'enorgueillir. L'orgueil s'excerce aussi par rapport aux supérieurs dont le pouvoir pèse ; il faut au contraire reconnaître le droit d'autrui et rester poli et respecueux car voler le respect dû à un chef c'est voler son bien, il faut, ajoute M. Révillout «rendre à César ce qui est à César »,

Puis viennent des conseils très délicats, non seulement à propos de la femme du voisin dont il faut se méfier, mais aussi de l'homme car les relations anti-naturelles étaient fréquentes en Egypte comme en Grèce.

S'il est parfois indispensable d'avoir une explication avec son ennemi, cela doit se passer seul à seul avec beaucoup de modération et de prudence en laissant son interlocuteur vider son cœur, car, si on le brusque on rompt avec lui et on perd cette utilité réciproque que l'on trouve dans le commeice de ses semblables.

Tâche d'être bon compagnon, ne lui répond pas de manière à l'irriter et ne lui fais pas subir d'interrogatoire ; aie toujours l'air simple et naturel.

Le chapitre XXXIV contient des conseils pour la vie au-dehors : Que ton visage soit toujours épanoui et respire la gaîté. C'est quand fa fortune t'abandonne que tu connais les vrais amis. La bonne conduite seule est digne de souvenir.

Le juste est plus grand que ses biens il doit mépriser tout le reste. M. Révillout appelle l'attention du lecteur sur ce précepte qui touche dit-il au détachement évangélique et pourtant nous sommes en plein pays et en pleine époque payenne.

Delà à un grand éloge de la patience il n'y a qu'un pas, et cette vertu uniquement chrétienne découle de la charité qui a déjà été recommandée, à l'encontre de la colère qui amène la révolte des subordonnés tandis que le chef écarte les nécessités de la correction par une conduite prudente.

Enfin, à propos de sa propre femme, Ptahhotep conseille de lui faire un intérieur agréable, mais si l'amour réciproque ne persistait pas, il ne faudrait pas l'abandonner, ce serait un crime. Il était donc déjà opposé au divorce et la femme comptait sur ce qui est droit et juste pour elle.

Le livre de Ptahhotep se termine par des conclusions qui bien que résumant le travail précédent, en sont logiquement séparables. Elles ont été traduites par M. Révillout et par feu Chabas avec quelques variantes. Nous ne les reproduirons pas, estimant que ce que nous avons rapporté suffit pour l'appréciation de la morale chez les Egyptiens de cette époque reculée. Si Moïse n'a pas puisé dans cette morale, on retrouve pourtant dans son œuvre nombre de préceptes recommandés déjà par les moralistes égyptiens et ce travail est un véritable code de morale ancienne applicable encore aux temps nouveaux.

II
Phibfor, autre moraliste de l'Égypte à l'époque où commence le Christianisme

A une époque postérieure à celle de Ptah-hotep vers la 4ᵐᵉ dynastie c'est à-dire vers la fin du 1ᵉʳ ou au commencement du 2ᵐᵉ siècle de notre ère d'après M. E. Révillout, traducteur du fameux papyrus écrit en démotique qui se trouve aujourd'hui au Musée de Leyde. L'auteur, Phibfhor qui n'était pas de souche royale comme Ptahhotep, mais simple précepteur du fils d'un grand personnage, prend son élève dans les « parvis extérieurs du temple et le conduit peu à peu au sanctuaire » ce qui veut dire qu'après avoir consacré une partie de son livre à la morale et à la sagesse humaine, il termine par une sorte d'apologie de la mystique religieuse. Pour expliquer cette évolution, hâtons-nous de dire que notre moraliste, élevé dans le panthéisme égyptien, avait, en secret adhéré à la philophie chrétienne de St-Justin, et des néoplatoniens, Clément (d'Alexandrie) et Origène.

Les chapitres sur le martyr, la patience, le détachement des choses d'ici bas, prouvent surabondamment l'impression que les nouvelles doctrines avaient faites sur son esprit. Il n'admettait qu'un seul Dieu dans son livre de morale, tout en faisant jouer à Tot-Hermès son rôle mythologique, mais ce n'était pour lui qu'une forme poétique de rendre sa pensée, au contraire il laissait aux vulgaires, comme la plupart des sages et des prêtres égyptiens, le culte des divers symboles naturels devenus des Dieux dans l'imagination du peuple.

Ces différences dans la philosophie de nos deux moralistes qui semblerait devoir les écarter l'un de l'autre, les rapproche au contraire par la disposition méthodique de leurs œuvres réciproques et les écarte non pas l'un de l'autre, mais l'un et l'autre des autres moralistes de l'époque intermédiaire.

Dans le livre du Phibfhor, tout est net, bien divisé, précis, remarque M. Révillout, et au point de vue littéraire, l'œuvre est des plus intéressantes.

L'auteur divise son livre en 25 enseignements destinés naturellement à son élève ; malheureusement le commencement manque et M. Révillout, le traducteur, écrit que le 6me chant devait avoir pour titre : *L'Egoïsme* ou *La Fortune*, d'après ce qu'il en reste.

On y lit quelques palissades, comme manger quand on a faim, dormir quand on est fatigué afin de réparer ses forces, mais ne pas placer son cœur dans la fortune et ne pas concentrer toute son activité pour ce résultat. Ne pas le glorifier publiquement de ta richesse et ne pas passer près d'u.: compagnon dans le besoin sans le secourir. Fais le bien pendant ta vie dit l'auteur, afin que ta mémoire soit bénie après ta mort, ne jamais oublier le tombeau, sage est l'homme qui y pense toujours. « C'est la visite de Dieu à l'homme juste que son ensevelissement et son changement en Osiris. »

On voit que la mythologie payenne hantait toujours le cerveau de Phibfhor.

Ce chapitre se termine par le verset suivant :

« La bonne destinée est réservée à l'homme bon, à celui qui donne au pauvre son propre cœur. »

On ne doit pas s'attendre à ce que je passe verset par verset ce long plaidoyer en faveur de la morale. Il y a dans les divers enseignements comme des redondances des préceptes de Ptahhotep. Il me suffira d'indiquer la matière de chaque enseignement pour que le lecteur se forme une idée de l'évolution accomplie depuis le 1er moraliste.

Ce n'est pas au dépouillement total de ses biens que l'auteur convie le lecteur, mais à une sorte d'indifférence pour la fortune doublée de résignation et de charité. Ce sentiment de charité et d'amour de son semblable est d'ailleurs universel dans les plus anciens documents de la civilisation égyptienne. Il est exprimé dans les stèles historiques de la XIIe dynastie, traduite aussi par M. Révillout, préconisant de donner du pain à celui qui a faim, de l'eau à celui qui a soif, des vêtements à celui qui est nu, de ne pas faire tort à l'esclave le surcharger de besogne au dessus de ses forces. Il y a donc bien là, malgré l'apparence entre les deux moralistes, des idées nouvelles comme la miséricorde appliquée à celui qui l'a faite et la méditation habituelle de la mort et des fins dernières qui préssentent le mouvement évangélique.

Le XIIe enseignement pourrait être intitulé le *Livre de la parole*, il est suivi de conseils pratiques sur la manière dont on doit gouverner sa langue.

Dans nos civilisations modernes il est un proverbe qui dit *qu'un coup de langue est pire qu'un coup de lance.*

On voit par là qu'il n'y a rien de nouveau sous le soleil.

Des paroles, le VIIe enseignement passe aux fréquentations spécialement, avec des personnes d'un autre sexe « ne pas t'attacher de femme et éviter les occasions d'aller avec elle à cause de ton âme, surtout si cette femme est à un autre plus grand que toi. »

Comme l'avait déjà dit Ptahhotep dans les fréquentations il ne faut pas spécialement se défier de la femme, mais aussi de l'homme et traiter chacun suivant ses mérites.

Après quelques conseils de prudence l'auteur dit qu'il faut être généreux et désintéressé. « Le riche n'est-il pas l'intendant des biens de Dieu ? »

A quoi bon tant s'attacher aux biens de ce monde ? Pourquoi y sacrifier sa conscience ? « Ne sommes-nous pas dans la main de Dieu qui nous mesure notre déstinée. »

Qu'on supprime l'idée de Dieu et toute ra.e tombe aussitôt.

« Personne ne sait ce qui l'attend, le secret de la vie nous échappe et une sorte de fatalis. me providentiel nous domine et cela dans tous les temps et dans tous les lieux. »

D'après M. Révilloul, Phibfhor admettait la prédestination comme l'école de St-Augustin et de St-Thomas.

Pour expliquer cette prédestination en faveur de certains hommes et de l'inégalité apparente qui en est la conséquence, feu A. d'Orient supposait une vie antérieure de l'âme, unie à des corps semblables aux nôtres, qui auraient mérité ou démérité en vertu du libre arbitre. Cette hypothèse, condamnée par la cour de Rome, se retrouve en germe dans les œuvres d'Origène, mais Phibfhor ne donne nulle part la raison de cette prédestination divine. Il ne se demande pas comme St-Thomas pourquoi Dieu aurait créé des natures vouées au crime, où pourquoi alors il punirait le méchant pour ré·ompenser l'homme de bien.

Mais il a donné le libre arbitre aux hommes afin que leur volonté apparaisse.

Phibfhor préfère l'enseignement de St Athanase qui affirme que la volonté de quelques uns les fait asseoir près du Christ au dessus des anges, et que cette volonté pour d'aitres les portent dans l'enfer.

Effets du libre arbitre...

« Dieu est bon, il n'a rien créé de mauvais Les démons eux mêmes ne sont pas mauvais par nature, mais par leur volonté.

« Les anges par leur volonté ont mieux aimé Dieu que leur propre avantage et leur gloire.

« Dieu n'a ni commencement ni fin. Il est le principe et la fin de tout. Bon aussi est le Christ, et il est Dieu. Bon est le St Espiit.»

Dieu, la Trinité, a donc la prescience et non la prédestination. Cela répond aux objections d'Origène et de A. d'Orient.

A partir de ce moment, la ressemblance de la doctrine morale de Phibfhor avec la doctrine chrétienne me dispense d'entrer dans le détail de ses autres enseignements où nous retrouverions beaucoup de points communs.

S'il est aussi sévère que le Christ pour l'adultère, il n'a pas le pardon si facile car la loi égyptienne punissait le coupable de mort, comme du reste la loi mosaïque. « Mais celui-là qui est maître de

son cœur saura accomplir tous les préceptes.»
Quant à l'homme il faut qu'il soit prudent
car «s'il s'abandonne pleinement aux femmes,
il est perdu. Ce sont elles qui font la destinée
de l'homme. »

Après avoir parlé des vices à éviter. l'auteur arrive aux vertus à pratiquer.

Le premier devoir d'un père, c'est de bien élever son enfant. Toute la vie morale de celui-ci dépend de là.

L'éducation a sur la destinée, dit l'auteur, une influence aussi grande que la nature elle-même. Il faut que le maître inculque à l'enfaut le respect de soi-même et le dégoût de tout ce qui est sale et déshonorant.

Mais si le fils est incorrigible l'auteur conseille de le faire naviguer.

L'idée de Dieu domine tout le livre de Phibfhor et l'on sent surtout l'influence chrétienne dans les conseils qu'il donne aux serviteurs en cherchant à les prévenir contre les mauvais exemples de certains maîtres.

L'auteur conseille la prudence à l'égard des hôtes de passage, non pas qu'il critique l'hospitalité en usage en Orient, mais en raison des persécutions que les Romains exerçaient sur les nouveaux chrétiens dont ils faisaient épier toutes les actions.

L'Evangile lui-même ne conseille-t-il pas la prudence du serpent à côté de la simplicité de la colombe?

On ne connait pas, dit Phibfhor le cœur

de l'homme sans l'avoir éprouvé, de même qu'on ne connaît pas le cœur de la femme.

A cette époque l'Egypte tyrannisée par les Romains ne connaissait plus la gaieté, on se défiait de tout et de tous.

Malgré cela notre Egygtien, tout partisan qu'il fut de la prudence, croit qu'il faut savoir se donner. Il croit aussi que trop de prudence finit par dessécher le cœur.

Un des chapitres est intitulé :

« Comme il faut traiter le petit et l'ignorant » on peut le résumer ainsi : ne pas laisser le petit ni l'ignorant dominer. On voit par là que notre auteur n'était pas pour la démocratie bien que plein de sentiments affectueux pour les misérables.

Tout en admettant le plan de la Providence qui a créé des chefs pour la répression des délits, notre auteur ne voudrait pas que la soumission à ces chefs s'étendit au sacerdoce égyptien qui incarnait les anciennes traditions de l'église payenne.

Pourtant sa rancune contre les prêtres égyptiens, montre qu'en secret il était chrétien.

Mais il donne des conseils de modération à ceux qui sont chargés de la direction du petit peuple. « Philosophiquement et religieusement le petit est l'égal du grand, celui-ci n'est pas tel par sa nature, mais par suite d'un plan providentiel ; le petit au contraire, par sa situation subordonnée se trouve sur le chemin qui mène à Dieu ».

Phibfhor nous a déjà parlé de la glouton-
nerie, de ceux qui se font un Dieu de leur
ventre.

Il emploi également le mot de glouton pour
désigner les avares, et ceux qui croient que
les biens de ce monde sont destinés à leur
propre jouissance. Aussi vise-t-il dans ce
chapitre plus spécialement le riche qu'il voudrait voir selon le cœur de Dieu.

Pour cela il s'inspire largement les vielles
traditions telles qu'elles avaient été exposées
par le Préfet Améni dans une stèle célèbre et
répétées par Ptahhotep dans le papyrus Prisse.
Améni nous dit avoir cultivé et administré
son nôme de sorte qu'il n'y avait pas de
pauvres dans sa province, que tous petits
comme grands avaient des approvisionne-
ments, la veuve comme la femme mariée et
qu'après avoir donné le supplément au Pharaon, il ne gardait rien pour lui-même.

Ce tableau dit suffisamment quel était l'i-
déal d'un bon administrateur en Egypte et
explique comment le peuple pouvait être heureux et le cœur de Dieu satisfait puisque le
pauvre était rassasié.

Je vois ici une assez grande différence dans
la morale antique et celle de l'évangile.

D'un côté nous trouvons le Préfet Améni
le moraliste Ptahhotep et une certaine veuve
riche dont nous parle M Révillout, laquelle
fait l'apologie de ses bonnes œuvres et se
vante de sa piét   dévotion envers

Dieu, alors que dans l'Evangile, il est écrit
que ce n'est pas celui qui se vante de ses œu
vres qui s'en retourne justifié, mais celui qui
s'accuse humblement de ses fautes. Cela
n'empêche pas que la charité où l'amour du
prochain ne soit très sensible au cœur de
Dieu. C'est ce que nous verrons dans le troi-
sième article.

III

Suite du moraliste Phibfhor. Apologie
de la mystique chrétienne
par un payen

Après notre résumé de la 1re partie du
livre de Phibfhor, il nous reste à parler encore
de la charité envers le prochain.

Le Christ n'a-t il pas dit que cet amour du
prochain était semblable à l'amour de Dieu ?

« Celui qui aime ceux qui l'approchent,
écrit Phibfhor, se fait une famille autour de
lui. »

« La bonne odeur de l'homme bon, se ré-
pand et rend aussi bonne l'âme de ceux qu'il
fréquente. »

« En effet, la charité est contagieuse elle ef-
face tous les péchés, dit l'Ecriture.

Dans l'ancienne tradition égyptienne la
charité est la grande offrande de la barque
funèbre qui doit emmener le mort de l'orient
à l'occident et le transformer en Osiris. L'en-

trée de cet *Amenti*, qui était la dernière demeure de tout homme pieux, ne s'achetait que par la charité, la meilleure des offrandes.

Et le Christ n'a t-il pas dit que « Celui qui donnait aux pauvres, donnait à Dieu ». Notre auteur exprime la même pensée et pour lui le cœur de Dieu n'est satisfait que par la charité. *Deus est caritas.* Il appelle les bénédictions de Dieu sur l'homme charitable, non pas sur celui qui donne une aumone parcimonieuse et souvent insuffisante mais sur celui qui pousse l'amour du prochain jusqu'à se donner lui-même.

Ce qui est vrai de Dieu est vrai aussi des hommes que la libéralité touche et que l'égoïsme repousse. Ce n'est pas la quantité du don qui en fait la valeur, c'est le cœur avec lequel il est donné.

L'auteur se tourne ensuite du côté du pauvre, notamment de ceux qu'on appelait en Egypte les Fellahs qui étaient très malheureux.

Il serait difficile de peindre d'une façon plus poignante, dit M. Révillout, l'infortune du fellah à cette époque. Malheureusement c'est là un fait historique impossible à nier.

Les papyrus grecs de Berlin nous montrent le paysan égyptien présuré de toutes les misères au commencement de la domination romaine, tant pour la culture de la vallée du Nil, les corvées et impôts de toutes sortes, que dans le secret de sa conscience s'il faisait appel à l'évangile naissant la suprême consolation des malheureux.

« Bienheureux ceux qui souffrent persécutions pour la justice, car le royaume des cieux est à eux. (Ev. des sept béatitudes).

C'est vers ce moment que des exodes s'accomplissaient peu à peu dans la Société Egyptienne. Mais si un malheureux fellah tentait de s'enfuir aussi pour échapper au joug des brigands étrangers (les Romains), il était aussitôt saisi et ramené à ses terres et à ses lithurgies c'est-à-dire à ses obligat'ons qu'on triplait ou quadruplait pour sa peine.

Ces étrangers avaient réduits les Egyptiens à une telle détresse que beaucoup préféraient s'exiler bien qu'ils aimassent leur patrie quand même.

La Syrie, la Palestine, voilà quel était leur objectif et combien d'entre eux ont dû accompagner les phéniciens et les phocéens sur les côtes de Provence.

La tradition rapporte que Marseille fut visitée à la suite d'accidents de mer par une barque désemparée portant la famille de Béthanie, Lazare, Marie Madeleine et Marthe sa sœur accompagnée de leur servante Sarah, l'égyptienne, patrone des Bohémiens.

Ils se seraient définitivement établis en Provence et y auraient apporté le christianisme, 14 ans environ après la mort du Christ, dès les premières persécutions.

Cette légende combattue par un savant aca-

démicien, M. Duchesne, fut rétablie victo-
rieusement par M. l'abbé Marbot, ancien
vicaire général d'Aix et membre lui-même de
l'Académie de cette ville, dans *Nos Origines
apostoliques,* (Aix 1902, 1905.) De même l'é-
minent auteur des *Niettes de l'Hist. de Provence,* M. Stephen d'Arve (alias Vte do Ca-
telin) a confirmé dans son bel ouvrage la
tradition provençale. Mais les textes authen-
thiques manquent.

Quoiqu'il en soit, une sorte d'indifférence
était la suite de cet état de choses en Egypte,
et après tout le pain quotidien demandé par
le *pater* est tout ce qu'il faut pour l'homme,
(Phibfhor), mais il le lui faut et le pauvre a
droit à une part dans l'aisance du riche qui
deviendra pauvre lui-même à sa mort mais
qui jouit en attendant, tandis que le pauvre
peine et souffre,

Aussi sa vie est elle rapidement courte ; à
40 ans le fellah est déjà un vieillard tandis
que les riches se nourrissant bien arrivent à
la longévité comme en Europe.

Mais le mort qu'il soit riche ou pauvre
n'emportera rien dans l'autre vie. Il doit tout
laisser derrière lui. Le moraliste croit même
que c'est une abomination de lui laisser la libre
disposition de ses biens après sa mort. Tout
appartient au peuple et à la *gens.* L'individu
n'a rien à lui que ses œuvres.

On voit que le droit égyptien, diffère sur ce

point comme sur tant d'autres du droit romain.

L'Egyptien protestait alors contre l'appropriation du sol par les étrangers et leurs complices.

C'était là une sorte de socialisme traditionnel, mais très désintéressé qui n'avait rien du socialisme de nos jours, mais se rapprochait de celui des apôtres aux débuts de l'Ere Chrétienne. C'est ainsi qu'il ne comprenait pas que les maisons des défunts soient laissées à autrui. Et St-Mathieu Ch. XV v. 34 et 35 place la famille universelle au-dessus de la famille particulière et des affections privées.

L'homme n'était donc que l'usufruitier des biens de sa race. Il ne pouvait les laisser à autrui et lui-même ne pouvait en jouir que tout prêt à les abandonner. Phibfhor lui-même déclare ne point avoir accumulé de richesses. A quoi bon d'ailleurs ? ne suffit-il pas à l'homme sage d'avoir de quoi vivre sans rien demander à personne. *L'aurea médiocritas*, comme dit M. Révillout, avec une bonne épouse n'est-ce pas l'idéal ? La véritable fortune de l'homme c'est l'amour. Phibfhor finit par une comparaison entre ceux qui adorent l'argent et ceux qui le méprisent, cet argent que Dieu donne et qui demain peut vous être enlevé, son choix n'est pas douteux pour l'homme sage. Et « quand la destinée et la fortune arrivent, c'est Dieu qui les fait venir. »

Elevé par de semblables leçons, le jeune disciple de Phibîhor, est apte à recevoir un enseignement plus relevé.

Désormais ce ne sont plus des vertus vulgaires dont il va être question, mais des vertus héroïques.

La dernière partie du livre de Phibîhor va être une véritable mystique religieuse, aussi Ptahhotep va-t il être dépassé par notre hiérophante chrétien qui mêle pour ainsi dire la doctrine de l'Evangile avec celle des anciens sages de l'Egypte que Pythagore et Platon avaient écouté avec respect, et qu'avaient dû écouter aussi les prophètes juifs.

Au chapitre XVIII, où commence et enseignement, vient l'éloge de la patience, vertu toute chrétienne, qui trouve naturellement sa place après la modération dans les désirs recommandée plus haut. La conclusion du chapitre c'est que sans le secours de Dieu l'homme ne peut supporter les épreuves de la vie et qu'il se laisse aller au désespoir.

Le fidèle, au contraire, qui se confie à Dieu, ne s'abandonne jamais au souci, à la tristesse et au blasphème,

On passe si peu de jours sur la terre !

N'est-ce pas ce que disait Jésus qui laissait la paix à ses disciples, mais non pas telle que le monde la conçoit mais unie à la justice, à l'absence de tout trouble de conscience même dans la situation la plus triste en apparence.

Il ne faut pas accepter la paix qui nie Dieu, en niant sa justice. C'est de cette paix que Jésus a dit « Je ne suis pas venu apporter la paix' mais le glaive »,

C'est la paix de l'impie qui est sans espérance au-delà de la vie et n'a pas Dieu pour support.

« Il n'y a pas de troubles à avoir à cause des revenus ». Est-ce que le Christ ne les donnera pas ? lui qui a ordonné à ses apôtres de n'avoir aucun souci des biens de la terre et qui nourrit les oiseaux du ciel et revêt des plus belles parures les simples fleurs des Champs...

Mais s'il a promis de subvenir aux besoins de ceux qui se donnent à lui, il leur a promis aussi des épreuves spéciales. Il leur a annoncé qu'on les persécuterait contre toute justice, et que d'aucuns d'eux iraient en exil ou subiraient même le martyre.

« A quoi sert donc à l'homme de gagner l'univers, s'il vient à perdre son âme ? » Le juste doit s'exposer à la destruction pour son salut, il ne doit pas se troubler si on le met en prison, pas même avoir la crainte du martyre. Notre moraliste dit même qu'on doit en demander la grâce par ses prières.

Nous sommes loin comme on voit des moralistes de l'Egypte payenne, aussi peut-on affirmer, malgré les apparences, que par ce temps de persécutions romaines, l'auteur qui écrit de telles choses, n'était payen qu'en apparence.

La mort, d'ailleurs, ne peut troubler le croyant car elle n'a rien de si terrible en soi. Ce qui doit seulement le préoccuper c'est le péché. Qu'il offre donc ses souffrances à Dieu et qu'il se purifie de son péché.

Chaque jour comporte sa peine et cela depuis le commencement du monde, c'est-à-dire depuis l'âge d'or où les Dieux vivaient sur la terre et précédaient les Rois dans les dynasties terrestres et que la Génèse incarne également dans le mythe d'Adam.

On sait que le culte solaire dominait le paganisme dans l'ancienne Egypte aussi ne faut-il pas s'étonner si notre moraliste dit que la lumière qui doit éclairer les ténèbres de cette vie, vient du soleil que les orgueilleux méprisent et qui pourtant domine tout ici-bas, le mal physique comme le mal moral. Pour le premier il faut la patience, pour le second le repentir avec la confiance en Dieu qui adoucira les angoisses de l'heure terrible.

Une grosse question surgit ici : qu'est-ce que l'auteur appelle la *demeure de rétribution* ? Pour le traducteur, ce lieu est pris en deux acceptions différentes, la première c'est la demeure d'épreuves ; c'est la vie ; la seconde *toobe* est la demeure de rétribution proprement dite, c'est-à-dire ce qui suit la vie.

Cette idée sera développée dans le dernier enseignement relatif aux fins dernières, mais alors le mot *toobe* s'appliquera à la punition du méchant, tandis que l'auteur le remplace par le serpent de la couronne royale quand il s'agit de la rétribution dans le ciel. Mais pourquoi la vie présente est-elle appelée aussi la demeure de rétribution ?

Viserait-on le péché originel qui obligeait l'homme à se soumettre à des épreuues qui n'avaient pas d'abord été prévues pour lui dans l'âge d'innocence, ou simplement les fautes antérieures des âmes dans des corps semblables aux nôtres dans une vie antérieure suivant la conception d'Origène et de A. D'Orient ?

Ce dernier auteur s'inspirait du principe bouddhiste des réincarnations successives servant de rétribution jusqu'à la complète purification des âmes. Mais cette doctrine indienne était complètement étrangère à l'Egypte de toutes les époques et a été formellement condamnée par la Cour de Rome. Les vieux sages de l'Egypte chez lesquels Pythagore s'est instruit et auxquels il est censé avoir emprunté son système croyaient seulement que l'âme bien heureuse avait le pou de prendre la forme qu'elle voulait — même celle d'un animal — pour aller où il lui plairait et faire ce qu'il lui semblerait bon.

Il y a loin de là, comme on le voit, à la métempsychose. Si donc pendant son séjour en EgyptePythagore a imaginé la métempsychose, c'est soit en puisant dans son propre fond, soit en écoutant les voyageurs qui chaque année venaient de l'Inde en Egypte à l'aide des vents alisés. Quoi qu'il en soit, Phibfhor laisse croire qu'après la punition temporelle de l'âme coupable, Dieu lui réservait encore de nouvelles vies avec d'autres épreuves pour lui permettre de mériter et d'atteindre les suprêmes récompenses.

En cela notre auteur n'est pas très orthodoxe et si, en secret il a adopté l'évangile, il reste encore imbu des doctrines payennes, mais il en laisse seulement percer quelques mots pour de rares initiés et se garde bien de s'en servir pour le public ni surtout pour son royal élève auxquels il n'enseigne que ce qu'enseignaient les chrétiens catholiques ou ce qu'avaient enseigné les vieux maîtres égyptiens peignant la décapitation des impies et le changement des justes en Osiris.

Le texte contient encore que la patience héroïque jusqu'au martyr n'est pas le couronnement de la mystique mais de l'élévation du cœur, de la vie intime avec Dieu. Telle la perfection à laquelle doivent tendre les Saints sans en livrer le secret aux profanes. Mais la grâce divine frappe à notre porte, c'est de Dieu, en effet, que nous viennent tous les dons spirituels parfaits ; ceux que la théologie attribue à l'Esprit Saint.

Connais toi toi-même, *nosce te ipsum*, c'est le commencement de la sagesse ou mieux une conséquence de l'élévation du cœur.

« La connaissance, le jugement et l'élévation du cœur viennent de Dieu ».

« La destinée et la fortune en viennent également ».

L'homme patient sachant tout souffrir pour Dieu et l'homme intérieur sachant vivre avec Dieu et pratiquer les mystères chrétiens en arrivent dans leur ascension graduelle à une zône sereine.

Ils pratiquent cette paix que le Christ est venu apporter au monde dont nous avons déjà parlé.

L'auteur ne sépare pas les œuvres, de la paix qui est faite de détachement et de douceur. En effet la douceur et la modération dans les paroles sont le principal moyen pour garder la paix.

Généralement il vaut mieux se taire que de parler d'une manière blessante pour autrui. La douceur allant jusqu'au pardon des injures est préférable à tout.

« Meilleure est la part de celui qui pardonne, que la part de celui qui dit Seigneur, Seigneur. Ce n'est pas ce dernier auquel est destiné le royaume des cieux. »

On sent pour tant que la doctrine du Christ qui dit de tendre l'autre joue à celui qui vous soufflette était inconnue chez les vieux Egyptiens comme chez tous les autres moralites d'Orient et d'Occident.

Phibfhor se rapproche de cette perfection mais le pardon, comme la douceur n'est qu'un moyen, la paix est le but à atteindre, à l'exception des soldats, tout le monde doit chercher la paix, mais le monde ne la donne pas, nous a dit Jésus dans l'Evangile. Les vieux temples ne la donnent pas non plus mais le nouveau culte, la nouvelle Eglise, par opposition avec la religion traditionnelle de l'Egypte, sera avant tout le culte ou la religion de la paix. Elle ne sera pourtant pas exempte des soucis et d'épines, cela a été prédit.

Dans cette paix Phibfhor ne voyait pas une paix comme celle du Quiétiste ou du Bouddhiste qui s'absorbent dans une contemplation vide de sens. Il voit au contraire une action virile qui donne aux petites choses une véritable importance.

Suit toute une série de considérations sur le respect des petites choses.

Il ne faut pourtant pas s'attacher à des riens comme font souvent les personnes pieuses, mais ne pas rêver non plus de trop grandes actions.

Parmi les petites choses il faut éviter de consulter les sorciers et les incantateurs qui donnaient des remèdes défendus par l'Eglise et que les néo chrétiens considéraient comme de peu d'importance.

« Nombreuses sont les petites choses à craindre. »

« Rares sont les grandes choses dignes de provoquer notre admiration ou notre crainte. »

Mais il ne faut pas se rapetisser soi-même, et il faut savoir dominer ses passions.

« Il faut se montrer sobre, charitable, docile à la voix de la conscience et bien reconnaître ses fautes. N'être ni vain, ni bavard, prudent dans ses paroles mais sans fausseté ; ne se laisser aller ni à la trop grande confiance, ni au désespoir ; ne mépriser ni haïr peronne ; ne pas faire de jugement téméraire, ne pas prêter de l'argent à usure, ne pas se livrer à la banque ni au grand commerce ; être honnête et tenir toujours ses engagements, mais ne pas faire de serment, ne pas mentir ou voler et préférer mourir dans la misère que de faire le mal ; enfin être doux dans ses rapports avec autrui même avec les violents, etc.. »

Tel est le modèle d'un homme parfait résumant à peu près l'ensemble des vertus chrétiennes traduites et expliquées par M. Révillout sur le texte démotique du 21e enseignement lui-même.

En définitive l'auteur recommande de ne pas faire fond sur l'homme, ne pas s'en inquiéter même, si ce n'est pour s'en défier, tout en étant charitable envers lui. Faire toujours son devoir et n'agir qu'en vue de Dieu. *Dieu et Patrie* tel semble être la devise de l'auteur, dit M. Révillout.

Le 22 et le 23 enseignement sont consacrés à l'amour de la maison. Ils sont comme le corollaire de l'amour de la patrie. La maison où l'on vit n'est-elle pas une petite patrie ? C'est à la fois la patrie d'ici-bas et la patrie céleste, mais la première était présurée par les Romains aussi notre auteur peint-il leurs violences de diverses couleurs en les opposant avec la souffrance des hommes d'Égypte, les gens du pays.

Aussi certains passages de Phibfhor pourraient faire penser à une délivrance, une révolution soit nationale soit économique. Mais fidèle à ses prémisses il n'appartenait pas à des particuliers d'en assumer l'initiative. Ils devaient cacher leur indignation et refréner leurs passions.

Il faut éviter la colère qui enlève leurs qualités aux meilleures choses.

Il faut pour combattre cette passion éviter l'excès de nourriture qui l'alimente. Dieu donne la lumière et la force à qui en a besoin pour ce saint combat.

Il récompensera un jour celui qui aura conformé sa conduite à ces sages préceptes, tandis qu'il punira l'impie. Dieu donne du bien à celui qui se donne à lui, tandis que l'impie ne sort pas de son état d'âme : « Celui qui sort de la fange, qu'il y rentre encore » et l'homme de Dieu ou qui vit en Dieu, restera dans la demeure de rétribution jusqu'à ce que Dieu lui donne le repos. On fera recevoir à chacun la destinée que Dieu lui réserve. Phibfhor après avoir détourné son néophyte de tous les vices, termine ses 24e et 25e enseignements par une méditation sur Dieu et les fins dernières, lorsque l'homme est désabusé des jouissances de ce monde.

D'abord l'existence de Dieu est prouvée tant par la vie morale des êtres que par l'ensemble de la création physique.

« *Cœli enarrant gloriam Dei.* »

L'auteur entre à ce double point de vue dans des développements imagés des plus intéressants. Il insiste surtout sur la vie morale qui constitue la démonstration de Dieu par la voie de la conscience, comme Descartes. Je ne le suivrai pas dans les détails, je crains déjà d'avoir abusé de la patience du lecteur j'ai hâte d'arriver aux conclusions.

Il y a pourtant des gens que les abstractions de la vie intérieure ne touchent pas et qui ne savent pas lire dans les âmes, ceux là qu'ils regardent autour d'eux, ils jugeront que rien ne se fait sans cause, aucune production n'existe sans auteur. L'admirable création qui nous entoure suppose un créateur et le chante.

Felix qui portuit rerum cognoscere causas.

Oui cent fois heureux celui qui à la vue de tant de merveilles, reconnaît l'existence de Dieu, qui a créé non seulement les corps, mais aussi les âmes.

Il faut dans tous les cas toujours revenir à lui. Il est le commencement et la fin de tout. *L'Alpha* et l'*Oméga.*

L'homme peine et souffre. Au lieu de se désoler qu'il se confie à Dieu qui, souvent, à mis, dans ce bas monde, le baume à côté du mal et qui envoie les épreuves afin de récom-

penser ceux qui les auront supportées chré-
tiennement.

Si quelque chose paraît injuste ici-bas, c'est
que la Justice immanente est au Ciel.

La Providence règle la destinée pour le plus
grand bien de l'homme. A la fin du passage
sur la connaissance de Dieu, l'auteur prévoit
la rétribution qui viendra éclairer les incré-
dules d'une façon terrible en leur montrant
le terme de cette Providence qu'ils ne vou-
laient pas admettre.

Cette rétribution fatale est réelle. Le châ-
timent de Dieu sera violent, Phibfhor enseigne le moyen de l'éviter. Le méchant sera
puni et le bon récompensé.

Ce dernier doit être surtout doux et humble.
C'est l'orgueil qui a perdu les puissants des
grands temples égyptiens. Celui qui fera du
tort à son prochain sera puni. La damnation
attend surtout les crimes contre la charité.

« Etre doux avec les misérables, est dans
la vie de l'homme en Dieu. »

« Celui qui commet de force le crime contre nature, celui-là sa génération ne durera
point. »

A quoi bon remettre sa conversion au lendemain ? Evitons la punition, la rétribution
funeste par la pénitence et la charité.

Laissons là, s'il le faut, la puissance et la
richesse en distribuant notre fortune aux
pauvres et en suivant le Christ d'après le con-
seil évangélique. Les biens terrestres sont un

sujet de préoccupations continuelles, soit dans la misère, soit dans la prospérité. Celui qui remet au lendemain sa conversion, peut ne pas connaître ce lendemain.

« Si tu passes dans la rue, cède le chemin à plus grand que toi. »

M. Révillout résume le tableau du sort qui attend le pécheur dans l'autre vie.

D'autres recommandations terminent cet enseignement, je ne les rapporterai pas, estimant en avoir dit assez pour que le lecteur puisse se faire une idée juste du chemin parcouru par les moralistes de l'époque payenne jusqu'à l'aurore du christianisme.

« Dans la demeure de rétribution où doit parvenir l'homme juste, il n'y aura plus de jugement, d'écrasement du faible, d'hypothèques, ni d'usuriers, de soucis ni de troubles. C'est le temps du repos en Dieu. »

« La destinée, la bénédiction et la puissance sont en la parole de Dieu. »

« On ne connaît pas sa manière de faire en ce qui concerne la rétribution. Mais à la violence, au préjudice fait aux autres, plus de miséricorde. »

Il est trop tard.

Phibfhor a poussé son œuvre jusqu'aux extrêmes conséquences de la vie morale, de la vie en Dieu et il a amené son disciple à contempler son Divin en face.

Il ne lui reste plus qu'à mourir. C'est la fin d'un vrai chrétien et Dieu l'appelle à lui au milieu d'une prière qu'il n'a pas le temps d'achever. Sa dernière pensée est pour Umerra son disciple.

C'est ce que le témoignage du pieux payen qui copie son livre constate, sans savoir que Phibfhor n'adorait plus Osiris, aussi fait-il suivre ce livre de la prière ordinaire des défunts égyptiens dont M. Révillout a recueilli la formule :

« Terminaison du dévot savant dont l'âme fleurit à jamais

« Phibfhor, fils de Téas surnommé le cynocéphale, son âme sert Osiris Socaris.

« Le Dieu grand, seigneur d'Abydos, son âme fleurit en son sein à jamais. »

M. Révillout a ajouté à ce livre une fable qui avait cours dans la littérature de l'époque. C'est le chacal Koufi et la chate égyptienne. Celle-ci a représenté la morale de Phibfhor, Koufi joue le rôle de l'avocat du diable pour la détruire, mais il finit par succomber.

Dans un supplément, M Révillout revient encore sur la morale égyptienne à l'époque chrtienne, nous y renvoyons le lecteur curieux et nous terminons là notre étude de la morale dans l'ancienne Egypte dont nous devons la révélation à notre savant maître et ami M. Eugène Révillout.

FIN

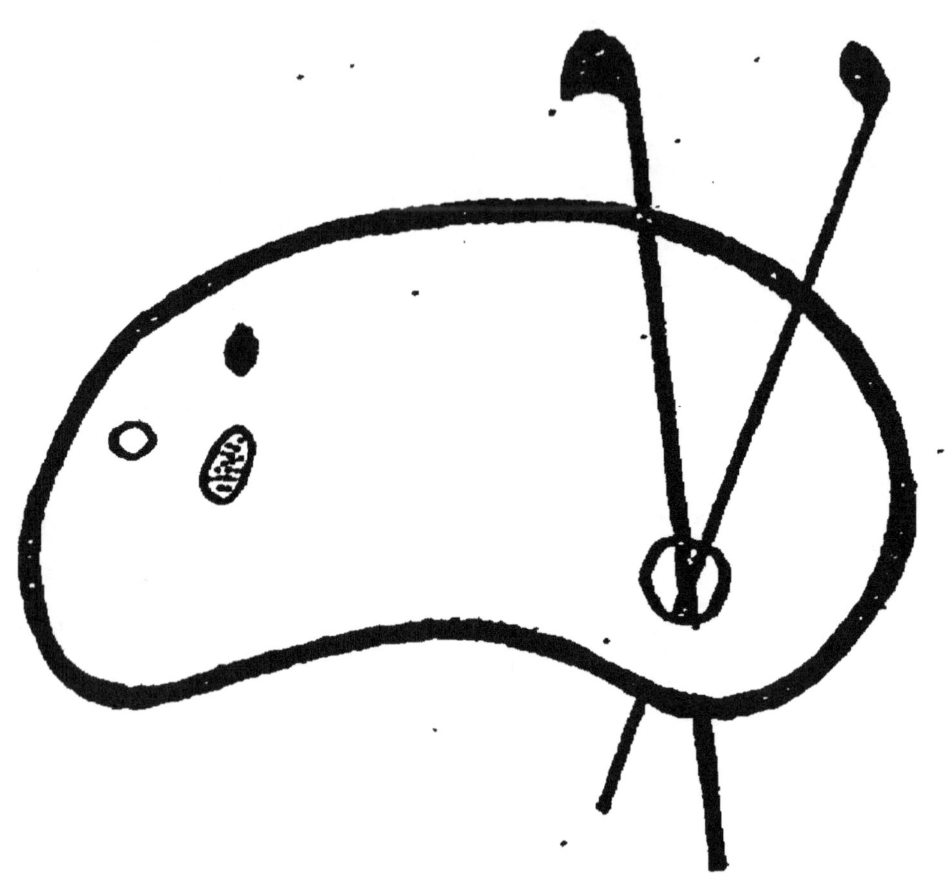

ORIGINAL EN COULEUR
NF Z 43-120-8